Mike Barfield y Jess Bradley

¡SÚPER CURIOSOS

EL CUERPO HUMANO EN CÓMIC

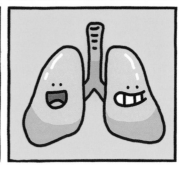

101 CURIOSIDADES PARA NIÑOS Y NIÑAS

Montena

CEREBRO

Hola, soy tu cerebro. Estoy al cargo de tu cuerpo mañana, tarde y noche.

Algunos dicen que soy un poco controlador, pero se equivocan...

Un poco no, ¡soy controlador al cien por cien! Gracias a mí

TE MUEVES

PIENSAS

SIENTES

Estoy hecho de miles de millones de células* especiales llamadas neuronas, que envían y reciben señales desde y para todo el cuerpo.

TERMINAL DE AXÓN

NÚCLEO

AXÓN

Las neuronas pueden enviar mensajes a centenares de kilómetros por hora. Juntas podrían generar la electricidad suficiente para encender una bombilla.

BRILLA

Me divido en dos mitades que se llaman hemisferios. En general, el izquierdo controla la parte derecha del cuerpo, y el derecho, la izquierda.

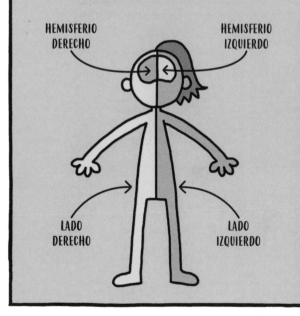

HEMISFERIO DERECHO

HEMISFERIO IZQUIERDO

LADO DERECHO

LADO IZQUIERDO

Y mis partes se ocupan de asuntos concretos:

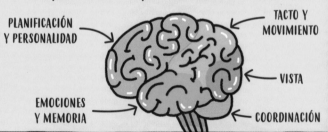

PLANIFICACIÓN Y PERSONALIDAD

TACTO Y MOVIMIENTO

VISTA

EMOCIONES Y MEMORIA

COORDINACIÓN

Tengo muchos tira y afloja con las diversas partes del cuerpo. Será por eso que a veces soy un poco torpe.

¡UUPS!

*LAS CÉLULAS SON LOS «LADRILLOS» BÁSICOS DE CUALQUIER ORGANISMO VIV

Trabajo UN MONTÓN. Ni siquiera paro cuando duermes.

Por ejemplo, echo el cierre a tus recuerdos del día...

¡CLIC!

... y también (disculpa) te apago los músculos para que no puedas hacer lo que ves en tus locos sueños...

Si te pinchas el dedo, los receptores de dolor enviarán un mensaje hacia la médula espinal.

La respuesta reflejo de la médula espinal hará que te muevas inmediatamente.

Y yo tomaré una nota mental para el futuro.

Cuidado con lo que pinche.

También envío unos mensajes químicos que se llaman hormonas a través de la sangre.

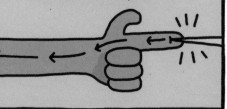

SR. HÍGADO

Estoy en contacto con todas las partes de tu cuerpo.

CORAZÓN   HÍGADO   DEDOS DE LOS PIES   OMBLIGO   TRASERO

No está mal para un órgano fofo, esponjoso y gris del tamaño de un buen pomelo.

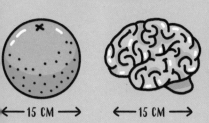

← 15 CM →   ← 15 CM →

Tal vez sea controlador, pero lo hago por ti.

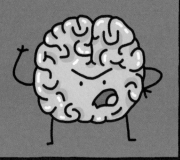

Así que hazme un favor: protégeme.

¡NO VAYAS EN BICI SIN CASCO!

OJO

Soy un ojo. ¡Encantado de verte!

Mi gemelo izquierdo y yo somos parte de tu «sistema visual», ese que te permite ver.

DERECHO

IZQUIERDO

Recibimos información del mundo que nos rodea y la enviamos al córtex visual, que está en la parte de atrás de tu cerebro, para que la procese.

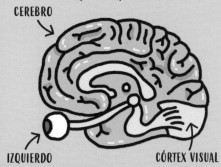

CEREBRO

IZQUIERDO

CÓRTEX VISUAL

Siempre estamos en danza, ya sea porque leemos frases como esta o porque miramos por dónde vas.

VISTA A LA DERECHA

VISTA A LA IZQUIERDA

VISTA A LA NARIZ

Las pupilas —esos agujeros negros que tenemos en el centro— cambian de tamaño sin parar. Se hacen grandes o pequeñas dependiendo de si hay mucha o poca luz.

POCA LUZ: LAS PUPILAS SE HACEN GRANDES PARA DEJAR PASAR MÁS LUZ.

MUCHA LUZ: LAS PUPILAS DISMINUYEN PARA DEJAR PASAR MENOS LUZ.

Cuando la luz impacta en el ojo, el cristalino la enfoca sobre una capa especial de células llamada retina. Pero la luz se enfoca al revés, así que se te envía al cerebro para que la procese en la posición correcta.

Incluso cuando duermes, los ojos nos movemos, sobre todo cuando sueñas.

SE LE LLAMA SUEÑO DE MOVIMIENTO OCULAR RÁPIDO.

Una cosa que los ojos no hacemos nunca es salir disparados cuando estornudas. Si te lo dicen, no te lo creas. Nunca te dejaríamos así.

¡AAAARRRGGGH!

Las pantallas nos cansan mucho. ¿Por qué no lees un libro? ¡Como este, por ejemplo!

¡Nos vemos!

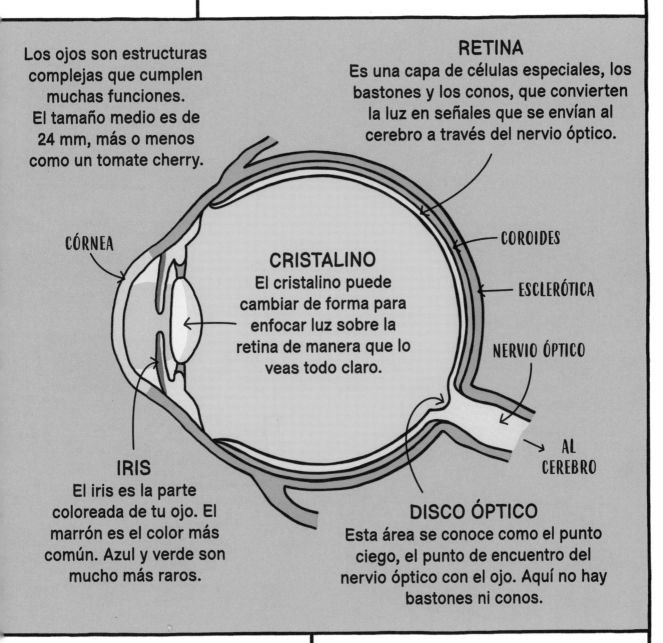

Los ojos son estructuras complejas que cumplen muchas funciones. El tamaño medio es de 24 mm, más o menos como un tomate cherry.

RETINA
Es una capa de células especiales, los bastones y los conos, que convierten la luz en señales que se envían al cerebro a través del nervio óptico.

CÓRNEA

COROIDES

CRISTALINO
El cristalino puede cambiar de forma para enfocar luz sobre la retina de manera que lo veas todo claro.

ESCLERÓTICA

NERVIO ÓPTICO

AL CEREBRO

IRIS
El iris es la parte coloreada de tu ojo. El marrón es el color más común. Azul y verde son mucho más raros.

DISCO ÓPTICO
Esta área se conoce como el punto ciego, el punto de encuentro del nervio óptico con el ojo. Aquí no hay bastones ni conos.

ENCUENTRA TU PUNTO CIEGO
Cierra el ojo izquierdo, luego mira a la cruz con tu ojo derecho. Mueve la página adelante y atrás hasta que el ojo-muñeco «se esfume».

El diario secreto de un

DIENTE

Este extracto procede
del diario de Mo,
un molar de la boca de
una niña de diez años.

MO

LUNES

El día ha empezado con un buen
cepillado para dejar la capa exterior
del esmalte limpia y brillante. Por
lo que sé, el esmalte dental es la
sustancia más dura del cuerpo
humano. El cepillo de dientes me
hacía cosquillas, eso sí.

¡ESOS DIENTES, SIEMPRE LIMPIOS!

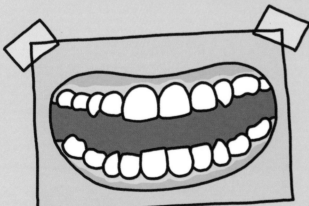

MARTES

Ya sé a qué se debe tanta
limpieza: es el día de la foto
de la escuela. Como estoy
justo atrás, no me verás
demasiado bien. Pero no
pasa nada, no me gusta ser el
centro de atención.
No soy como esos incisivos
tan descarados.

PREMOLARES:
AYUDAN A
TRITURAR

CANINOS:
RASGAN LOS
ALIMENTOS

INCISIVOS:
CORTAN Y
TROCEAN

MOLARES:
TRITURAN LOS
ALIMENTOS

MIÉRCOLES

Hoy hemos ido a la dentista. Ha sido curioso verme en el espejo que ha puesto dentro de la boca. Pero luego lo ha sido todavía más: nos han hecho OTRA foto, esta vez con rayos X, así que hoy me he visto por fuera y por dentro... ¿Ese soy yo?

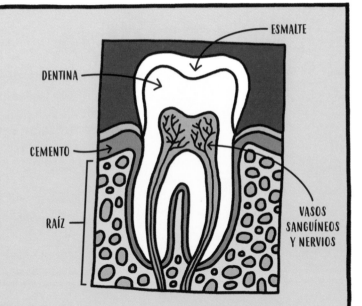

ESMALTE

DENTINA

CEMENTO

RAÍZ

VASOS SANGUÍNEOS Y NERVIOS

JUEVES

A masticar se ha dicho: hemos tenido mazorcas de maíz para comer. Los incisivos separaban los granos y luego nosotros, los molares, los triturábamos. Ha sido un buen ejercicio, aunque luego uno de los molares ha dicho que se sentía un poco inestable. Vaya.

VIERNES

Hoy hemos perdido a uno de nuestros compañeros: el molar Morti se ha desprendido. Pero no era más que un diente de leche, y tenía que dejarle el sitio a uno permanente. Nuestra dueña ha obtenido a cambio una moneda muy brillante. ¡Espero que se la gaste en dentífrico!

¡Brillo!

LENGUA

¡Hola! Soy una lengua humana. Hablemos.

Estoy hecha de músculos fuertes que no paran nunca de trabajar.

Igual que los músculos del corazón y el diafragma.

¿QUÉ TAL?

HOLA

CORAZÓN

DIAFRAGMA

Las papilas gustativas, que son células especiales de mi superficie, pueden reconocer cinco gustos de los alimentos.

DULCE   ÁCIDO   SALADO   AMARGO   UMAMI (SABROSO)

Tras la masticación, ayudo a que bajen los alimentos por tu garganta.

¡OJO, QUE VA!

También te ayudo a hablar. Sin mí se pueden decir muy pocas palabras. Aunque algunas son chulas, sí.

¡PIM!

¡PAM!

¡PUM!

Algunas lenguas incluso tenemos superpoderes. ¿La tuya también?

LENGUA ENROLLADA (6 DE CADA 10 LENGUAS PUEDEN HACERLO)

TÓCATE LA NAPIA (SOLO 1 DE CADA 10 PUEDE HACERLO)

Por la noche puedo relajarme un poquito. Lástima que eso hace que se te escape la saliva. ¡Eeepa!

LO SIENTO... ¡ADIÓS!

HIPO

... diafragma. Estoy aquí en lo alto del abdomen, justo por debajo de los pulmones. Siento lo del hipo. Tenía un...

Ah, hola, soy yo, tu...

¡HIP!

¡HIP!

... espasmo involuntario que ha hecho que me contrajera.

Así ha entrado aire en los pulmones, por la boca.

AIRE DENTRO

Como ha pasado tan rápido, las cuerdas vocales se han cerrado enseguida.

ABIERTAS   CERRADAS

Y cuando el aire ha llegado a ellas, ahí tienes el clásico sonido...

FIIIUUU

¡HIP!

Dicen que hay muchas maneras de cortar el hipo, como:

BEBER AL REVÉS

AGUANTAR LA RESPIRACIÓN

UN BUEN SUSTO

Pero la verdad es que solo tienes que esperar. Un hombre tuvo hipo durante el tiempo récord de 68 años.

Charles Osborne (1894-1991)

¡Vaya, pobre...

¡HIP!

... hombre!

UN DÍA EN LA VIDA DE UN...

PELO

¡Hola, tú! Acércate, que así podrás echarme un vistazo.

Eso es. La parte que ves por arriba en realidad está muerta.

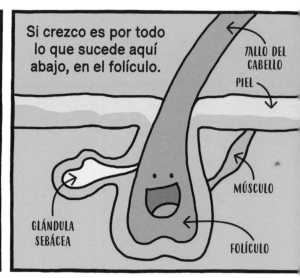

Si crezco es por todo lo que sucede aquí abajo, en el folículo.

TALLO DEL CABELLO

PIEL

MÚSCULO

GLÁNDULA SEBÁCEA

FOLÍCULO

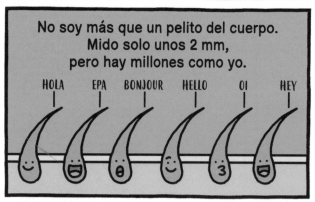

No soy más que un pelito del cuerpo. Mido solo unos 2 mm, pero hay millones como yo.

HOLA   EPA   BONJOUR   HELLO   OI   HEY

Ayudamos a mantener la temperatura de tu piel. Nuestros músculos se contraen cuando hace frío.

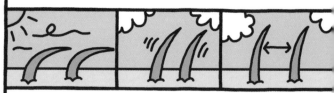

Lo que hace que nos levantemos y atrapemos el aire que hay entre nosotros para aislar tu piel.

Nuestros compis de la cabeza crecen unos 15 cm por año.

DE ESTO...   ... A ESTO

En algunos lugares no crecemos en absoluto: palmas de las manos, plantas de los pies, labios...

NO   QUÉ VA   TAMPOCO

Y en cambio en otros crecemos sin parar.

A ESTO LE LLAMO YO BUEN ASPECTO

El pelo está hecho de queratina, una sustancia fuerte que también forma las uñas y los cuernos de un rinoceronte.

¡QUÉ GUAPO, BRO!

Pero a pesar de estar hechos de un material fuerte, todos los pelos caen y son remplazados.

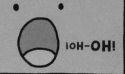

¡OH-**OH**!

¡AAARRRGGGH!

PIOJOS Y LIENDRES

A veces el pelo es un buen criadero de huéspedes indeseados, como los piojos. Solo viven en humanos y les gusta tanto el pelo limpio como el sucio. Así que tener o no tener piojos es una cuestión de suerte. Pueden resultar molestos, pero son completamente inofensivos.

HUEVO
DE PIOJO
(LIENDRE)

LA VIDA DE UN PIOJO
Los piojos viven alrededor de un mes, y las hembras ponen cada día de tres a seis huevos, lo que se conoce como liendres.

PIOJO

¡QUÉ SANGRE MÁS RICA!

HORA DE COMER
Los piojos se alimentan de chupar sangre de tu cuero cabelludo hasta que se vuelven rojos. No pueden volar ni saltar, pero sí desplazarse muy rápido.

El diario secreto de una
NARIZ

Este extracto procede del diario de Norman, la nariz de un niño de diez años.

NORMAN

LO PRIMERO DE TODO

El día ha empezado cuando mi amo se ha levantado y hemos visitado el baño. Bueno... No siempre es posible oler flores o manjares deliciosos. Mi poder para oler se activa cuando las moléculas que desprenden las cosas flotan en el aire y van directas a mis receptores olfativos (del olor). Entonces no puedo hacer nada para detenerlo.

NO, PORFA

MEJOR FUERA QUE DENTRO, ¿NO?

08.45

Mi amo ha empezado a sorberse los mocos. La culpa ha sido mía, porque en el interior de mis fosas nasales se producía demasiada mucosidad. La mayor parte ha bajado por mi parte trasera y mi amo se la ha tragado (lo siento, estómago). Aun así, no he podido evitar que una parte se deslizara hasta el exterior. Ups.

09.30

Los pelillos dentro de mi nariz ayudan a detener el polvo y la suciedad que podrían abrirse camino hacia los pulmones cuando mi amo respira. Después de tanto moco líquido, he empezado con los más sólidos, esos que se forman en mis fosas nasales cuando el exceso de mucosidad se seca y se amalgama.

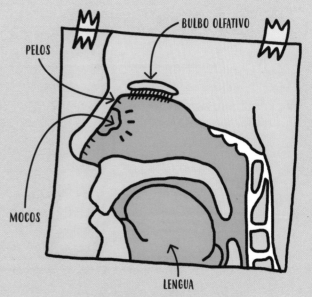

BULBO OLFATIVO

PELOS

MOCOS

LENGUA

ENCAJE PERFECTO

09.45

Poco después ha venido un dedo de visita. Ya sé que no es de buena educación, pero como mi amo le dijo a su madre: «Si no están hechos para hurgar en la nariz, ¿cómo es que se meten tan bien en ella?».

09.47

Ejem... Pensaba que iba a hacer la bolita para deshacerse de él, pero resulta que es un mucófago, una de esas personas que se los comen. Sí, se lo ha comido: moco seco, pelos, polvo, ¡todo! Y ahora solamente espero que además no sea rinotilexomaniaco, como las personas que no pueden parar de hurgarse la nariz. No me dejaría en paz.

EL MOCO COMIDO

VERRUGA

Hola, soy una verruga. Mi reputación es bastante mala. Me ODIAN, la verdad.

Cuando hayas leído esto crecerá en ti ese sentimiento... y otra cosa. ¿Lo captas? ¡Ja, ja!

Te pueden salir verrugas por toda la piel. Yo soy una de pie, de lo más típica.

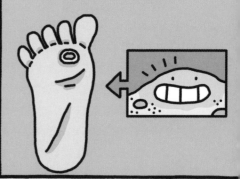

Las verrugas más comunes son las causadas por el virus del papiloma humano (VPH), que infecta las células de la piel.

CÉLULA DE VIRUS

GRRR

Las verrugas como yo las causa el mismo virus. No ganaré ningún concurso de belleza, pero la mayoría somos inofensivas. Y hay montones de maneras de deshacerse de mí, si tienes que hacerlo.

CREMAS   HIDRÓGENO LÍQUIDO   CIRUGÍA MENOR   PIEDRA PÓMEZ

El hecho —y eso no debería decírtelo— es que tal vez desaparezca de forma natural con el tiempo.

¿ME ECHARÁS DE MENOS?

Menos mal que los humanos nos ayudáis mucho rascándoos las verrugas y distribuyendo la infección.

RASCA

RASCA

SALUDA SALUDA

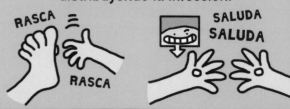

De modo que, si no quieres que una verruga como yo sea tu mejor amiga, no compartas nunca toallas, mantén los pies secos, cámbiate de calcetines a diario y lleva chanclas en la piscina.

No sé por qué te lo he contado. Esto de que te pisen todo el día es una vida muy triste.

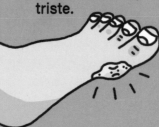

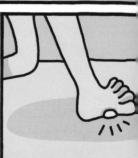

Pero, bueno, atrápame si puedes... ¡Ja, ja!

GRANO

Hola, soy un grano (o una espinilla) y estoy aquí para molestarte.

GRANO

PIEL

¿Ves? Ya soy más grande, y más malo... ¡Grrr!

A este paso, pronto estaré listo para estallar de rabia, y no es nada deseable. Lo mejor es no tocarme... Eso solo me pone peor.

Me formo cuando los poros (agujeros pequeños) de tu piel se taponan, y bacterias y grasas quedan atrapadas dentro.

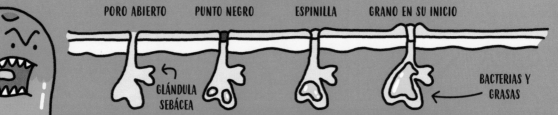

POROS OBSTRUIDOS

PORO ABIERTO   PUNTO NEGRO   ESPINILLA   GRANO EN SU INICIO

GLÁNDULA SEBÁCEA

BACTERIAS Y GRASAS

Las bacterias atrapadas forman pus, y esto provoca la hinchazón.

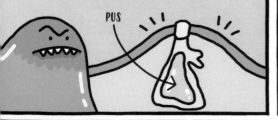

PUS

Los granos se ponen rojos cuando tu cuerpo reacciona y envía glóbulos blancos para combatir a las bacterias.

GLÓBULO BLANCO

¡BONG!

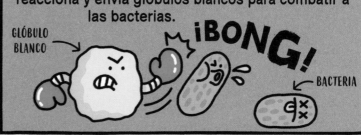

BACTERIA

Lo mejor con los granos más rabiosos es dejarlos en paz.

¡NO ME ATOSIGUES!

La mayoría de los granos se marchan sin tratamiento. A cualquiera le pueden salir granos, pero los adolescentes son los que más los sufren.

¡PFF! ESTUPENDO

Así que tal vez creas que te has librado de mí, pero nos veremos pronto, ya verás. ¡Ja, ja! Adiós.

ESQUELETO

¡Hola, hola, hola! Somos algunos de tus huesos.

CRÁNEO Y MANDÍBULA   OMÓPLATO   HÚMERO

Aquí el que debería hablar soy yo, ¿no?

CREÍDO

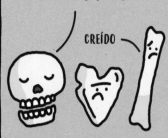

Somos parte de tu esqueleto. En el cuerpo de un humano adulto somos 206.

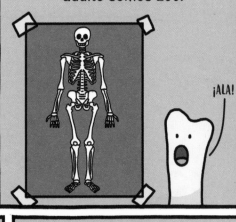

¡ALA!

Pero los recién nacidos tienen más de 300. Algunos de esos huesos se sueldan cuando creces.

300 O MÁS   300 Y UN MUSLO DE POLLO

El estribo es el hueso más pequeño del cuerpo. Está en el oído y allí ayuda a transmitir las ondas sonoras.

ES COMO UN GRANITO DE ARROZ

El más largo de todos los huesos es el fémur.

Es el más difícil de romper y representa alrededor de un cuarto de tu altura.

Muchísimas cosas dependen de tu esqueleto. Las cinco principales:

MANTIENE PROTEGIDO TU CEREBRO   MANTIENE ERGUIDO TU CUERPO   PERMITE QUE TE MUEVAS... ¡CHOCA ESOS CINCO!   FABRICA GLÓBULOS EN LA MÉDULA   ALMACENA GRASA Y MINERALES COMO EL CALCIO

Todos tus huesos están conectados por medio de ligamentos, músculos y tendones, como en esta articulación del codo.

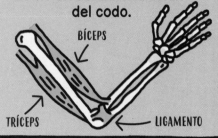

BÍCEPS

TRÍCEPS   LIGAMENTO

Excepto el hueso hioides. Este lo tienes en la base de la lengua y no está conectado a ningún otro.

ESTOY SOLITO

De modo que, como habrás visto, los huesos son muy importantes.

YA PODÍAMOS DECIRLO NOSOTROS TODO ESO

SUPERHUESO

Un 20 % del peso de tu cuerpo, más o menos, está en los huesos. El más fuerte y el más largo es el fémur, como este de aquí.

HUESO COMPACTO
La membrana y la capa exterior del fémur está formada por hueso compacto, pesado y duro.

VENA

ARTERIA

PERIOSTIO

SUMINISTRO DE SANGRE

MÉDULA AMARILLA
Aquí se facilita el depósito de grasa y células madre.

MÉDULA ROJA
Aquí los huesos producen glóbulos rojos y blancos, así como plaquetas, pequeñas células que permiten la coagulación de la sangre (la espesan y la secan) y que forman las costras cuando te cortas o te caes.

HUESO ESPONJOSO
Este tipo de hueso tiene pequeñas cavidades y se encuentra en los extremos de los huesos largos.

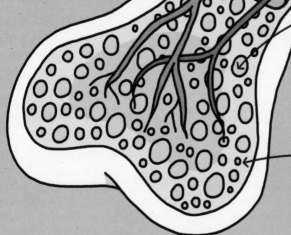

El diario secreto de un
GLÓBULO BLANCO

Este extracto procede del diario de Filo, un tipo de glóbulo blanco llamado neutrófilo.

FILO

DÍAS 1-7

Empecé como una simple célula madre (una célula que puede convertirse en cualquier otra) dentro de la médula de tu hueso. Al cabo de siete días maduré y me convertí en un neutrófilo. Es el tipo más común, y mi trabajo consiste en ayudarte a combatir las infecciones. Por suerte, no estoy solo. Tu cuerpo crea al día unos 100.000 millones de otros como yo.

¡AQUÍ SE TRABAJA!

¡SOY LIBRE!

DÍA 8

¡Por fin! Salí de la médula y entré en el flujo sanguíneo. Esos glóbulos rojos eran muchos más, pero solo por poder moverme ya era feliz.

DÍA 8: 13.00

¡Peligro! Las bacterias se han metido en el corte de un dedo. Ha llegado la hora de que nosotros, los glóbulos blancos, entremos en acción. Es mi gran momento.

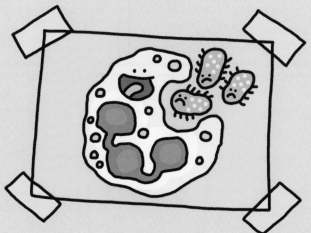

DÍA 8: 14.00

Me llevaron por la sangre hasta el área infectada. Empecé a rodear a los invasores, envolviéndolos con mi membrana externa y atrapándolos en pequeños sacos que llevo dentro. ¡OS PILLÉ!

DÍA 8: 15.00

Luego vino lo divertido. Solté enzimas* especiales en los sacos que contenían bacterias y las destruí. ¡Victoria!

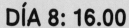

DÍA 8: 16.00

A mí también me llegó el momento de decir adiós. Los neutrófilos solo duramos unas horas. Pronto se me llevará un macrófago, una célula blanca que se encarga de las células muertas. ¡Bueno, pero hice mi trabajo!

¡ÑAM!

PULMONES

¡Hola! Soy tu pulmón derecho.

Y yo soy el izquierdo.

Y eso que hay entre los dos es la tráquea.

Los pulmones izquierdos siempre son un poco más pequeños para dejar sitio al corazón.

¡GRACIAS, PRENDA!

Estamos hechos de un tejido suave y esponjoso, llenos de espacios de aire. Somos tan ligeros que podríamos flotar en el agua, si se diera el caso.

¿QUÉ TAL UN BAÑITO?

Entre los dos traemos oxígeno a tu cuerpo y sacamos afuera el dióxido de carbono.

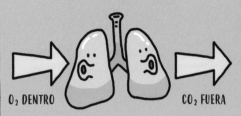

O₂ DENTRO

CO₂ FUERA

Y nunca paramos, ni siquiera cuando duermes.

ALUCINA LAS COSAS QUE VES DE NOCHE

Todos los días inhalamos aire unas 25.000 veces. Con este aire podríamos hinchar muchos globos.

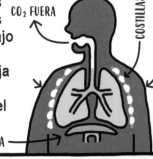

Cuando inhalas, las costillas se mueven arriba y hacia fuera, y el diafragma se contrae, moviéndose hacia abajo. Esta operación nos llena de aire.

O₂ DENTRO

COSTILLAS

DIAFRAGMA ABAJO

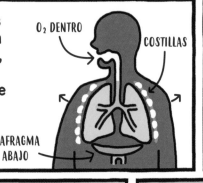

Cuando expelemos el aire, las costillas se mueven hacia abajo y para dentro, el diafragma se relaja y se mueve hacia arriba, empujando el aire hacia fuera.

CO₂ FUERA

COSTILLAS

DIAFRAGMA ARRIBA

Y todo ocurre sin que tú tengas ni que preocuparte.

SOMOS LO MÁS

Aun así, puedes controlar cómo respiras, incluso contener la respiración.

Pero eso no nos gusta: no lo hagas, por favor.

TÓMATE UN RESPIRO

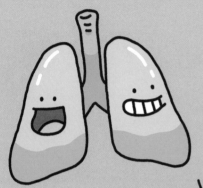

¿Ves lo increíbles que somos? Incluso podrías decir que te dejamos sin respiración, ¿eh? Bueno, pues acuérdate de hacer ejercicio y de cuidarnos, que así nos haremos más fuertes y más eficientes.

VÍAS RESPIRATORIAS

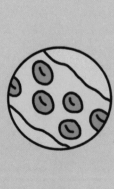

Los pulmones contienen 2.400 km de vías respiratorias. El aire se desplaza por la tráquea hacia unos tubos llamados bronquios, y luego hacia los bronquiolos y al final hasta los saquitos de los alvéolos.

ALVÉOLOS

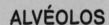

En los alvéolos, los glóbulos rojos recogen oxígeno y sueltan dióxido de carbono, para expelerlo.

CILIOS

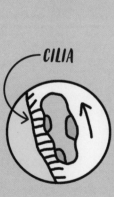

CILIA

Algunas de las vías respiratorias están recubiertas de mucus y de cilios, que son similares a los cabellos y que atrapan suciedad y gérmenes antes de desplazarlos hacia arriba y hacia fuera.

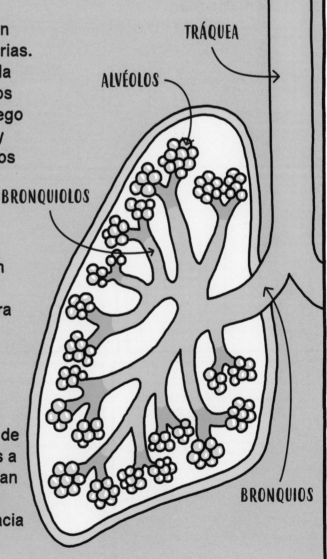

TRÁQUEA

ALVÉOLOS

BRONQUIOLOS

BRONQUIOS

CORAZÓN

Soy un corazón humano ¡y estoy que me salgo!

I ♥ mi trabajo

Fui el primer órgano que se formó en tu cuerpo. Y desde antes de que nacieras no he dejado de latir.

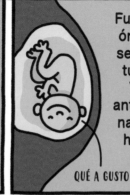

QUÉ A GUSTO

Me tienes en el pecho, entre los pulmones. Bombeo sangre por tu cuerpo todo el día, así que no es extraño que esté hecho de tejido muscular de lo más resistente.

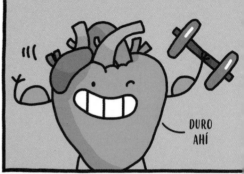

DURO AHÍ

Envío sangre en un viaje de 19.000 km por todo tu cuerpo todos y cada uno de los días: es la distancia que recorrerías si fueras de Madrid a Pekín y volvieras.

 SALE DE MÍ  VA A LOS PULMONES VUELVE A MÍ LUEGO VA A TODAS LAS PARTES QUE PUEDAS PENSAR Y DESPUÉS VUELVE A MÍ OTRA VEZ

No está mal para un órgano del tamaño de tu puño.

Mi latido lo controla una señal eléctrica que envía un grupo de células llamado nódulo sinoauricular.

Cuando estás en descanso, el ritmo es de unos 60-100 latidos por minuto.

¡DALE, DALE!

Cada latido tiene la fuerza suficiente para comprimir una pelota de tenis.

¡DURO, DURO!

Para hacer todo esto, tengo que estar en forma, así que la actividad y la salud son importantes.

¡VAMOS, VAMOS!

En lo que has tardado en leer esta página he hecho otras cien pulsaciones. Ya lo ves, ¡no paro nunca!

El sistema circulatorio humano es un circuito de tuberías llamadas vasos sanguíneos que bombean sangre por todo tu cuerpo. Y yo estoy ahí, ejem, en su corazón.

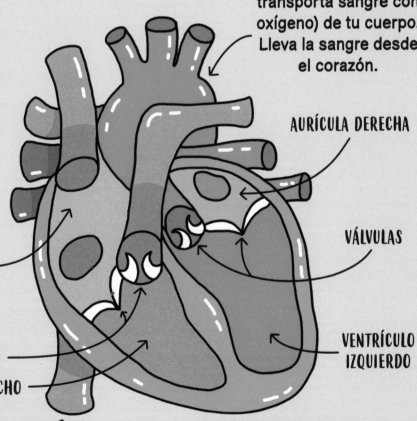

AORTA

Esta es la mayor arteria (una tubería que transporta sangre con oxígeno) de tu cuerpo. Lleva la sangre desde el corazón.

FONTANERÍA PERFECTA

El corazón tiene cuatro cámaras, conocidas como ventrículos y aurículas, así como diversas válvulas que evitan que la sangre fluya hacia atrás.

AURÍCULA DERECHA

VÁLVULAS

AURÍCULA IZQUIERDA

VENTRÍCULO IZQUIERDO

VÁLVULAS

VENTRÍCULO DERECHO

VENA CAVA INFERIOR

Esta es la mayor vena (una tubería que transporta sangre desoxigenada) de tu cuerpo. Devuelve sangre de la mitad inferior de tu cuerpo.

LARGA DISTANCIA

Si incluimos las estrechas cavidades llamadas capilares, en el cuerpo hay más de 96.000 km de vasos sanguíneos, lo que es más de dos veces la vuelta a la Tierra.

UN DÍA EN LA VIDA DE UN...

ESTÓMAGO

¿Estás hambriento de un poco de información sobre tu estómago?

Bien, pues soy un órgano muscular parecido a una bolsa, entre el esófago y el intestino delgado.

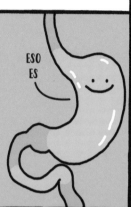

ESO ES

Podrías verme como una bolsa para tu vida, porque soy importante para tu sistema digestivo y para la operación de procesar y absorber los alimentos.

¡DAME MÁS!

Cuando me entra comida masticada, un anillo muscular, llamado esfínter, se cierra.

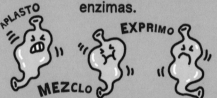

ESFÍNTER

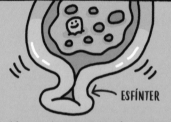

ESFÍNTER

Al otro lado también hay otro anillo. Los dos impiden que el alimento escape.

Cuando estoy vacío, me quedo plano pero si me llenas, puedo expandirme de verdad.

A TOPE

Aplasto y exprimo los alimentos, y los mezclo con unos componentes químicos especiales llamados enzimas.

APLASTO

EXPRIMO

MEZCLO

También añado una sustancia llamada ácido hidroclórico. Es tan fuerte que puede limpiar de óxido los metales.

FRIEGA, FRIEGA

Eso crea una masa semilíquida de comida digerida en parte llamada quimo.

EOO

El quimo se desplaza entonces al intestino delgado, a menos que algo malo irrite mi interior.

AQUÍ EL CEREBRO... ALGO PASA

En ese caso, el diafragma y los músculos abdominales se contraen e incrementan la presión sobre mí, de manera que la comida vuelve a salir.

¡BUARG!

¡Eso va incluido en mi trabajo! Por cierto, ¿qué hay para comer?

¡DAME MÁS!

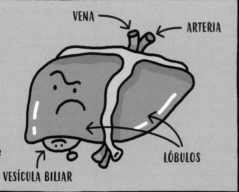

UN DÍA EN LA VIDA DE UN...

HÍGADO

A ver, estoy muy ocupado, así que vayamos rápido. ¿Tienes alguna idea de lo que hago? Pues para tu información lo hago absolutamente ¡TODO!

VENA — ARTERIA

VESÍCULA BILIAR — LÓBULOS

Al menos así es como lo siento. Tengo montones de trabajos diversos, todo el rato, todos los días. ¡No hay tiempo que perder!

¡VENGA, VENGA!

Pero la verdad es que con lo importante que soy, casi nadie sabe dónde encontrarme.

PUES NO

Estoy AQUÍ, arriba del abdomen, justo bajo el diafragma.

AHORA YA LO SABES

Soy la glándula más grande, y el órgano más pesado del cuerpo: peso 1,5 kg.

BAH

No seré alegre, pero mira todos los trabajos que tengo:

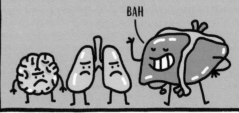

LAVADO DE SANGRE — ALMACENADO DE VITAMINAS Y MINERALES — ELIMINACIÓN DE TOXINAS — FÁBRICA DE BILIS — ... QUE ALMACENO

Y hago hormonas, proteínas, detengo infecciones... La lista sigue y sigue.

- Haz la comida
- Pasea al perro
- Compra comida al pez

Con la energía que creo se calienta la sangre que pasa a través de mí, lo que ayuda a mantener tu temperatura.

GRACIAS

Sí, a todos les ENCANTA el corazón. Pero ese tío ¿qué ha hecho?

¡OYE!

Yo solo quiero que me quieran.

SNIFFF

29

VEJIGA

¡Hola! Soy tu vejiga. Estoy que reviento por hablar contigo.

Aquí me encuentras.

Se puede decir que soy una bolsa de músculos con forma de pera invertida.

¿QUÉ OCURRE AQUÍ?

Los riñones se encargan de filtrar el líquido que bebes para quedarse con lo bueno y conducir el líquido residual, la orina, hacia mí. Yo la guardo durante un rato, hasta que sale por la uretra.

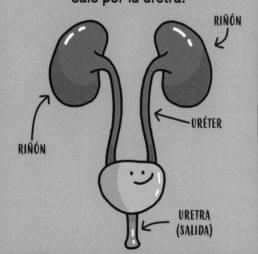

RIÑÓN

RIÑÓN

URÉTER

URETRA (SALIDA)

Con el tiempo, me voy cargando y cargando, y me voy haciendo grande y MÁS GRANDE.

OH, OH

Puedo contener 400-500 ml de líquido, pero por encima de los 350 ml no es nada cómodo. Por suerte, tengo a mano el cerebro, que me indica lo que debo hacer.

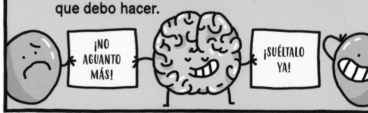

¡NO AGUANTO MÁS!

¡SUÉLTALO YA!

Las niñas y niños mayores pueden enseñar a su cerebro a controlar la necesidad y a utilizar los músculos para contener el flujo. Los bebés no son tan capaces.

BUAAAA

Pero cuando tienes que soltar, sueltas...

¿PREPARADO?

Aaah..., así está mejor.

FIU

Y ahora lávate las manos.

EN DETALLE	# EL PIPÍ Y TÚ

¿Sabías que el 96 % de la orina es agua? El resto son sales y urea, un residuo procedente de la degradación y absorción de las proteínas en tu cuerpo. ¿Te ha gustado este dato? Pues ahí van más.

¡PUAJ!

Algunos alimentos y bebidas pueden hacer que el pipí huela mucho. Los espárragos le dan un olor muy fuerte a la orina de mucha gente, aunque no todos pueden percibirlo. El café también le da olor, lo mismo que los alimentos ricos en vitamina B6, como los plátanos.

En el pasado, la orina se recogía y se combinaba con paja, estiércol y hojas para fabricar salitre, una sustancia que era vital para la fabricación de la dinamita. ¿Meados explosivos? ¡Quién lo iba a decir!

AY, AY

CON EL RATO QUE LLEVAS ME HUELO ALGO

¿Sabías que la mayoría de los mamíferos mayores que las ratas orinan durante unos 20 segundos, elefantes incluidos, y que un único elefante puede orinar hasta 9 litros de una tacada? ¡Ah, y la orina de gato brilla en la oscuridad con la luz ultravioleta! Serán menores, pero son aguas maravillosas, ¿no?

INTESTINOS

¡Por aquí! Soy un grano de maíz que está a punto de salir de tu estómago. Llevo aquí más de una hora.

Si me quedo más rato, voy a empezar a arrugarme... ¡Je, je! Tal como ves, el resto de tu comida se ha convertido en una sustancia espesa llamada quimo.*

Y ahora estoy esperando a desplazarme en el viaje alimenticio más grande que se conoce.

¡Y NO TE OLVIDES DE MÍ!

También se le llama viaje a través de tus intestinos. Aquí un mapa de lo más práctico para saber dónde he estado y adónde voy.

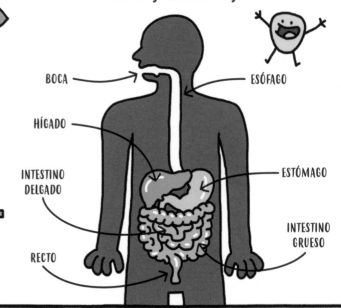

BOCA
ESÓFAGO
HÍGADO
INTESTINO DELGADO
ESTÓMAGO
INTESTINO GRUESO
RECTO

El alimento sale del estómago por una válvula muscular especial llamada esfínter pilórico.

¡YUUJU!
VÁLVULA

La primera parada es el intestino delgado. Mide solo 2,5 cm de ancho, pero tiene 6-8 m de largo.

¡DELGADO Y LARGO! ¡SÍ, SEÑOR!

Al quimo y a mí nos exprimen en sucesivas olas de contracciones musculares. A estas contracciones las llaman peristalsis.

VEN PA'CA
¡NO PUEDO!

*MIRA ESTÓMAGO EN PÁGINA

A lo largo del camino quedamos cubiertos de bilis de la vesícula y de enzimas de tu páncreas.

ESTOY EMPAPADO

¡PUAJ!

La bilis hace que el quimo sea menos ácido después de este viaje por tu estómago, y las enzimas degradan la grasa y las proteínas. La verdad, todos esos líquidos son un poco asquerosos.

TENGO QUE ESTAR LIMPIO

Después de esto, los nutrientes de tu comida son absorbidos por millones de «deditos» llamados vellosidades que recubren las paredes de tu intestino.

¡TODAS ME SALUDAN!

Si extendieras tu intestino delgado, con vellosidades y todo, obtendrías una superficie casi equivalente a la de un campo de bádminton.

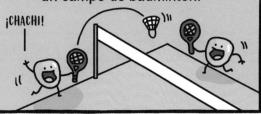

¡CHACHI!

Luego viene el intestino grueso.

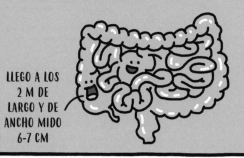

LLEGO A LOS 2 M DE LARGO Y DE ANCHO MIDO 6-7 CM

Aquí las bacterias ayudan a extraer los últimos elementos aprovechables de tus alimentos. El cuerpo también absorbe el agua.

BACTERIAS

ME SIENTO SUCIO

Y YO RESECO

La parte final del intestino grueso es el recto. Aquí se absorben todavía los nutrientes restantes y con lo que queda se forma una plasta que se convierte en caca. Aquí, a punto para salir por el ano.

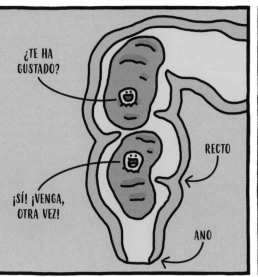

¿TE HA GUSTADO?

¡SÍ! ¡VENGA, OTRA VEZ!

RECTO

ANO

Otro viaje se inicia...

¡PLOP!

UN DÍA EN LA VIDA DE UN...

ZURULLO

... ¡y empezó el trayecto de mi corta vida!

GUAU

¡Vaya día he tenido! Cuando eres un zurullo, es que no paras.

Primero se me llevó el agua...

Después de eso, tu pipí y yo, junto con un montón de otros zurullos, pasamos por una serie de tubos hasta llegar a una alcantarilla enorme.

FIESTA PLASTA

La alcantarilla nos condujo a una depuradora.

Allí nos pasaron por una serie de tamices.

Y luego todos los zurullos formamos una pasta.

¡JO, QUÉ PASADA!

Luego enviaron la pasta a que la descompusiera una bacteria especial.

NO ES EL MEJOR DE LOS TRABAJOS, PERO NO ME IMPORTA

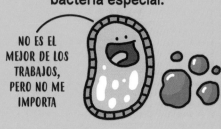

Una parte la convirtieron en abono* para los cultivos.

De manera que crecen nuevos alimentos. ¿Qué te parece?

¡HASTA HUELO...! ¡LUEGO, QUIERO DECIR!

*ABONO ES UNA SUSTANCIA QUE, AÑADIDA A LA TIERRA, AYUDA AL CRECIMIENTO DE LAS PLANTAS

Las cacas pueden darte una pista de lo que pasa en tus intestinos. Las duras son un síntoma de estreñimiento, que es cuando se hace difícil ir al váter. Las más líquidas son un signo de diarrea, que es cuando no puedes parar de ir al váter. ¿Qué tal si comparas las tuyas con estas para averiguar qué significan?

TROZOS DUROS Y PEQUEÑOS
Muy estreñido, puede ser doloroso.

SALCHICHA ABULTADA
Estreñimiento leve. Come más verdura y bebe más agua.

SALCHICHA AGRIETADA
Esta es una buena. Bien por ti, sigue así.

SALCHICHA LISA
Otra buena. ¡Mereces un premio!

MASAS BLANDAS
Necesitas más fibra en tu dieta, es una caca suelta.

PAPILLAS INFORMES
Leve diarrea. Cuídate.

CACA LÍQUIDA
¡PELIGRO! Es la caca de las pesadillas.

UN DÍA EN LA VIDA DE UN... PEDO

Soy un pedo, también conocido como:

CUESCO
FLATULENCIA
BUFA
FOLLÓN
PEDORRETA
VENTOSIDAD
VIENTO

Bueno, eso sería si en algún momento salgo expelido de tu trasero. Ahora mismo soy una retención de gases.

Por aquí estoy, en tu colon (parte de tu intestino grueso), pasando el rato con los colegas.

¿TE CUENTO UN CHISTE GUARRO?

NO, QUE SIEMPRE APESTAN

En gran medida estoy hecho de aire que te has tragado sin querer. En una cuarta parte soy oxígeno y nitrógeno.

GLUP

AIRE

El dióxido de carbono también es uno de mis componentes, y se forma cuando el ácido del estómago descompone los alimentos.

FIZZZ

FIZZZ

Pero el material interesante (y apestoso) de verdad se hace por aquí, entre los zurullos.

CUÉNTANOS MÁS

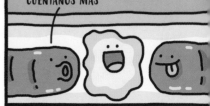

Los microbios* se alimentan de alimento ingerido y crean ácido sulfhídrico...

¡BLUUP!

Este gas sí que apesta. Cuidado con ciertos alimentos, porque algunos tienen más propiedades pedorreras que otros, como:

HABICHUELAS   BRÓCOLI   COL   RÁBANOS   COLES DE BRUSELAS

Todo el mundo se tira pedos, especialmente en la cama.

¡EEH! ¡OYE!

¡PRRRRRR!

El sonido proviene de la vibración de tus músculos anales, y lo sorprendente es que muchos no huelen.

¡AFUERA!

Vaya, este sí.

UUFFF, NOOO

¡PRRRRRRR!

*LOS MICROBIOS SON PEQUEÑOS SERES FORMADOS POR UN ESCASO NÚMERO DE CÉLULA

TOS

Igual que las bacterias, los gérmenes y el humo, puedo hacerte toser. Y nunca sabrás cuándo voy a atacar.

DESPREOCUPADA

No te preocupes por mí. No soy más que una diminuta mota de polvo. Inofensiva, ¿verdad?

PUES NO. Puedo ser de lo más irritante.

Primero, una racha de viento me lleva directa a tu boca.

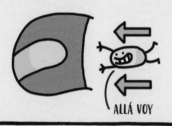

ALLÁ VOY

Y a fondo, hasta la tráquea.

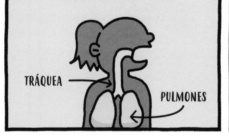

TRÁQUEA

PULMONES

Es el inicio del «reflejo de la tos».

¿EH?

Cuando toco un lado de la tráquea, las terminaciones nerviosas alertan al resto del cuerpo.

RING

RING

RING

Tus pulmones entran en acción, y toman aire.

Tus cuerdas vocales se cierran, de modo que el aire no puede escapar.

ABIERTAS

CERRADAS

Y por fin tus pulmones empujan ese aire contra las cuerdas y obligan a que se abran muy rápido.

TOS

Esta acción explosiva es una tos, que me empuja a unos 160 km/h.

UEEEEE

Y así soy libre otra vez para errar por el aire. ¿Cuál será la siguiente víctima? ¡Ja, ja, ja!

MANO

Somos el equipo mano. ¿No saludas con la tuya?

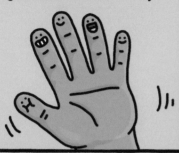

Yo soy pulgar, el más independiente del equipo.

¿QUÉ TAL?

Porque resulta que soy oponible, lo que significa que puedo moverme para ponerme frente a los demás dedos y tocarlos.

CORAZÓN

ÍNDICE

ANULAR

MEÑIQUE

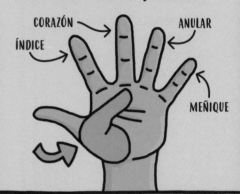

Que sean oponibles es práctico, porque eso te permite agarrar cosas.

Lo tienes «a mano», ¿eh?

— ¡SÍ!

¿Sabías que si te tocas el meñique con el pulgar se te ve un tendón* en la muñeca? Es algo que tiene el 85-90 % de la gente.

PALMARIS LONGUS

Pero este tendón no tiene ninguna función práctica. Es vestigial, lo que quiere decir que proviene de nuestro pasado, cuando se necesitaba para moverse entre los árboles. Algunos monos y lémures siguen utilizándolo, por ejemplo.

SÍ, ES VERDAD

¿LUCHA DE PULGARES?

El equipo mano también incluye:

UÑAS QUE PROTEGEN LOS EXTREMOS DE LOS DEDOS

PALMAS QUE SOSTIENEN COSAS Y NO TIENEN PELOS

CRESTAS PAPILARES QUE FORMAN LAS HUELLAS DACTILARES. AGARRAN COSAS Y SON ÚNICAS PARA CADA HUMANO

Así que, ya ves, no hay nada como tu mano... ¡Excepto tu otra mano, claro!

*UN TENDÓN ES UN HAZ DE TEJIDO FIBROSO

PIE

Somos el equipo pie.

VAMOS QUE NOS VAMOS

Ahora te explico dónde estamos.

¿EN EL SUELO?

Aquí verás los importantes elementos que forman nuestro equipo.

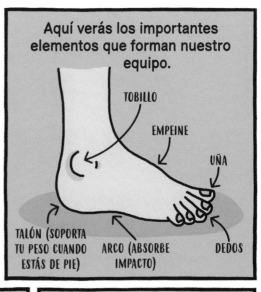

TOBILLO

EMPEINE

UÑA

TALÓN (SOPORTA TU PESO CUANDO ESTÁS DE PIE)

ARCO (ABSORBE IMPACTO)

DEDOS

Y dentro también tenemos 26 huesos que no puedes ver.

¡PUES NOSOTROS 27, ALA!

¡LARGO DE AQUÍ!

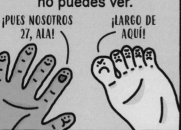

Algunas personas tienen un segundo dedo más largo que el gordo. Es lo que se llama el dedo de Morton.

¡TE GANO!

Y otras personas nacen con un dedo de más, un trastorno llamado polidactilia.

¿QUEDA SITIO PARA UNO PEQUEÑITO?

Los humanos son bípedos, lo que significa que para caminar empleas dos pies en lugar de cuatro. Pero no somos los únicos en hacerlo. Otros primates* también lo hacen, a veces.

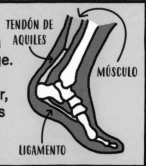

Cuando tocamos el suelo, el tendón de Aquiles se encoge. Luego, cuando volvemos a empujar, libera energía y nos ayuda en nuestro camino.

TENDÓN DE AQUILES

MÚSCULO

LIGAMENTO

Por suerte, no todo es andar y andar. También tenemos nuestro lado divertido. Con más de 100.000 terminaciones nerviosas por pie, tenemos muchas cosquillas.

¡NO! ¡PARA!

Un pie tiene alrededor de 125.000 glándulas sudoríparas, y produce el equivalente a una taza de sudor cada día.

YO QUE TÚ NO ME LO BEBERÍA

¡Es una suerte que seamos un equipo tan unido, porque pasamos mucho tiempo juntos!

SE ESTÁ CALENTITO AQUÍ

*LOS PRIMATES SON MAMÍFEROS ENTRE LOS QUE SE ENCUENTRAN LOS HUMANOS, MONOS Y SIMIOS.

El diario secreto de un
GLÓBULO ROJO

Este extracto procede del diario de Rusty, un glóbulo rojo (también conocido como eritrocito).

RUSTY

PRIMERA SEMANA

Hace tan solo unos días era una célula madre en la médula de un hueso, hasta que finalmente me convertí en un glóbulo rojo. ¡Yepa! Tal vez sea microscópico, pero una persona tiene más de 20 trillones de copias de mí. No está mal, ¿eh?

CÉLULA MADRE

YO, AHORA

MIRA LO QUE HE CRECIDO

PLAQUETA

GLÓBULO BLANCO

YO CON OXÍGENO

YO SIN OXÍGENO

SEGUNDA SEMANA

En el flujo sanguíneo también había plaquetas —celulitas sanguíneas que detienen las hemorragias—, glóbulos blancos y muchos más glóbulos rojos, también. Mi trabajo consiste en recoger oxígeno de los pulmones, transportarlo a los tejidos, recoger el dióxido de carbono de desecho y devolverlo a los pulmones para que lo expulsen.

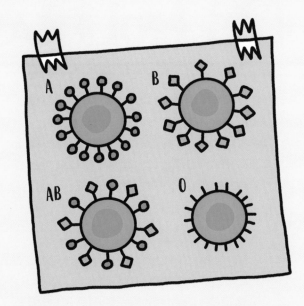

QUINTA SEMANA

Las personas tienen grupos sanguíneos diferentes. Los cuatro grupos principales son A, B, O y AB. A qué grupo pertenezcas depende de los antígenos, unos marcadores especiales que ayudan a tu cuerpo a identificar las células sanguíneas que no te pertenecen.

DÉCIMA SEMANA

Hoy he visto que un glóbulo blanco envolvía a un viejo glóbulo rojo. Es algo que pasa con todos nosotros tras unos cuatro meses. Pero, bueno, un glóbulo rojo nuevo lo sustituirá: cada segundo se fabrican 2 millones.

DUODÉCIMA SEMANA

¡Menuda aventura! Justo estaba viajando por un brazo cuando me han desviado fuera, por un tubito, y he ido a parar al interior de una bolsa que ahora guardan en la nevera de un hospital. Nuestro dueño dona sangre. La usarán para que otra persona diferente se ponga bien. Para eso es necesario que nuestros grupos sanguíneos sean compatibles.

¡YO SALVO VIDAS!

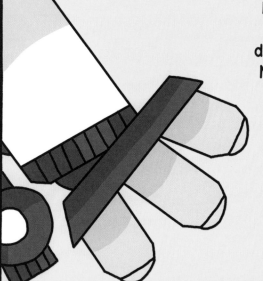

EN DETALLE

CÉLULAS PROLÍFICAS

Los humanos tienen alrededor de 30 trillones de células. Las hay de unos 200 tipos diferentes, cada uno con su función específica. Necesitarías un microscopio para verlas, pero por suerte aquí tenemos uno.

CÉLULAS GRASAS

También se conocen como células adiposas. Almacenan grasa, que luego puede quemarse como energía.

¿ALGUIEN
HA DICHO
«QUEMARSE»?

CÉLULAS CONO

Encontrarás células cono en las retinas, en la parte de atrás de tus ojos. Son las responsables del color de la vista.

¡ENCANTADO
DE VERTE!

CÉLULAS CUTÁNEAS

La capa exterior de tu piel se llama epidermis. Forma la frontera entre tu cuerpo y el mundo exterior. Las células de piel muerta suben a la superficie y se desprenden.

CÉLULAS MUSCULARES

Estas células pueden extenderse y contraerse para permitir que tus músculos produzcan fuerza y movimiento.

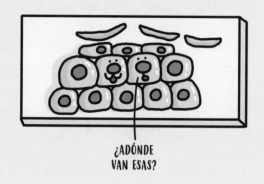

¿ADÓNDE
VAN ESAS?

¡QUÉ FUERTES
SOMOS!

GLOSARIO

Resulta que en un solo día pasan montones de cosas, y también se incrementan las palabras nuevas que hay que aprender. En este glosario encontrarás una pequeña explicación de algunas de las palabras más importantes del libro.

BACTERIAS
Un miembro muy pequeño de un grupo mucho mayor de microorganismos.

CABELLO
Filamentos finos hechos de queratina que crecen en los seres humanos y en otros animales.

CACA
La sustancia residual (en principio) sólida y maloliente de los humanos y de otros animales.

CÉLULA
La unidad más pequeña de un organismo viviente. Todos los animales y plantas están hechos de millones y millones de células.

DIGESTIÓN
El proceso de convertir los alimentos para que puedan ser absorbidos por tu cuerpo.

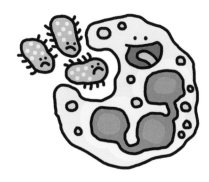

ENZIMA
Sustancia producida por los seres vivos que favorece las reacciones químicas.

GLÁNDULA
Un órgano que produce y libera sustancias químicas para usarlas en tu cuerpo.

HORMONA
Un componente químico hecho en el cuerpo y que controla la actividad de células, tejidos y órganos.

HUESO
Piezas de tejido blanco y duro que se presentan en una gran diversidad de formas y tamaños, y que forman tu esqueleto y el de los demás animales.

HUEVO
Un objeto oval o redondo que normalmente pone un ave, un reptil o un invertebrado hembra y que normalmente contiene un embrión en desarrollo.

MÚSCULO
Una banda de tejido en el cuerpo de los animales que puede contraerse para producir movimiento.

NERVIOS
Fibras largas y delgadas que transmiten mensajes desde tu cerebro o tu médula espinal hasta los músculos y órganos de tu cuerpo.

ORGANISMO
Una forma de vida individual que comprende a los animales, las plantas, los hongos y las bacterias.

ÓRGANO
Una parte de tu cuerpo con una función específica. Por ejemplo, corazón, pulmones e hígado.

PRIMATE
Un mamífero del grupo que incluye a los humanos, los monos, los simios y los lémures. En relación con el peso del cuerpo, sus cerebros son los mayores entre los animales terrestres.

QUERATINA
Un tipo de proteína que se encuentra en tu piel y cabello, así como en los cuernos de rinoceronte, en las escamas de los peces, en los picos de los pájaros y en la piel de la mayoría de los animales.

RAYOS X
Un tipo de radiación que puede pasar a través del cuerpo. Los rayos X se absorben en diversos grados por las diferentes partes del cuerpo, y eso pueden detectarlo máquinas especiales para crear una imagen de tu interior.

SANGRE
Líquido rojo que se desplaza por los cuerpos de las personas y de otros vertebrados. Algunas criaturas, como las arañas y el calamar, tienen sangre azul.

VASOS SANGUÍNEOS
Son los tubos que transportan la sangre por el cuerpo. Los hay de diversos tipos, como las venas, las arterias y los capilares.

VIRUS
Germen de un tipo que puede causar enfermedades. Los virus se replican a ellos mismos dentro de las células de los organismos vivos.

SOBRE JESS Y MIKE

¿Qué andan haciendo todo el día Mike Barfield y Jess Bradley?
¡Averígualo ahora mismo!

Mike Barfield es un escritor, dibujante de cómics, poeta y *performer* que vive en un pequeño pueblo de North Yorkshire, Inglaterra. Un día típico en su vida consiste en sentarse a una mesa en una habitación muy desordenada y rodeado por cientos de libros para escribir y dibujar cosas con la esperanza de que hagan reír a la gente. En el proceso consume litros y litros de té.

Jess Bradley es una ilustradora y creadora de cómics de Torquay, Inglaterra. Además de escribir y dibujar para *The Phoenix*, también escribe para *The Beano* e ilustra libros para niños. Durante el día le gusta pintar en sus cuadernos de bocetos, ver películas de terror y dejar que su hijo le gane al Mario Kart.

Papel certificado por el Forest Stewardship Council®

Texto de Mike Barfield
e ilustraciones de Jess Bradley

Especiales agradecimientos a Lauren Farnsworth.

Título original: *A Day in the Life of a Poo, a Gnu and You*

Primera edición: octubre de 2021

© 2020, Mike Barfield, por el texto y la maquetación
© 2020, Buster Books, por las ilustraciones
© 2021, Penguin Random House Grupo Editorial, S. A. U.
Travessera de Gràcia, 47-49. 08021 Barcelona
© 2021, Francesc Reyes Camps, por la traducción
Penguin Random House Grupo Editorial, por el diseño de cubierta

Printed in Spain – Impreso en España

ISBN: 978-84-18483-34-9
Depósito legal: B-12.874-2021

Impreso en Talleres Gráficos Soler
Esplugues de Llobregat (Barcelona)

GT83349